AF257817

ALFRED DOUSSAUD

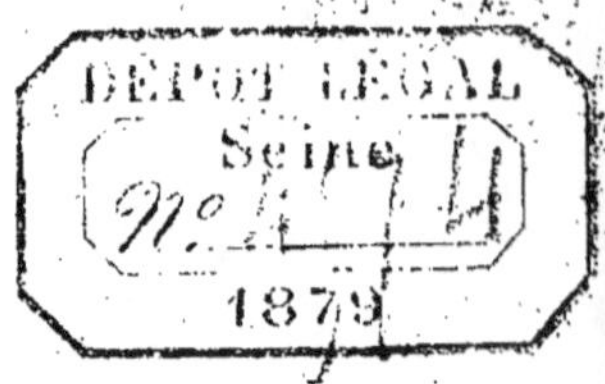

L'ÉTAT ASSUREUR

ET

UN PROJET

DE

CRÉDIT AGRICOLE

La solidarité est la base de
toute société durable.

PARIS

IMPRIMERIE A. LANGELIER ET LARGUIER

17, RUE DE L'ÉCHIQUIER, 17

1879

ALFRED DOUSSAUD

L'ÉTAT ASSUREUR

ET

UN PROJET

DE

CRÉDIT AGRICOLE

La solidarité est la base de toute société durable.

PARIS

IMPRIMERIE A. LANGELIER ET LARGUIER

17, RUE DE L'ÉCHIQUIER, 17

—

1879

PRÉAMBULE

Nous n'avons eu jusqu'ici, en France, de la République que le nom.

Cependant, grâce à la sage et patiente attitude des républicains, elle est aujourd'hui un fait accompli, le gouvernement légal et définitif du pays.

Mais, pour que son nom soit justifié, que de transformations à opérer, que de progrès à accomplir !

C'est un devoir pour nos Chambres, désormais à l'abri d'un coup d'État et assurées devivre la durée de leur mandat, de s'occuper sans plus tarder de toutes les réformes depuis si longtemps réclamées, promises et reconnues nécessaires.

Il est temps de commencer la réalisation du vaste programme formulé par nos hommes politiques, de passer enfin des théories stériles à la pratique bienfaisante.

Après l'instruction, qui doit et va être gratuite, obligatoire, donnée par l'État à tous sans distinction, et conséquemment laïque, notre système financier appelle l'attention de nos législateurs comme devant être l'objet de modifications urgentes.

C'est, à l'heure actuelle, un fouillis obscur et compliqué, indéchiffrable pour le public, cependant si intéressé à le connaître, rempli de difficultés pour les adeptes; en somme, d'un fonctionnement aussi lent que coûteux.

Nous avons à ce sujet tellement de lois, de décrets, de réglements, de circulaires, d'instructions, d'interprétations contradictoires, que les hommes spéciaux, eux-mêmes, se perdent dans leurs ténébreuses arcanes et arrivent au bout d'une longue carrière administrative à savoir... qu'ils ne savent pas grand chose de ce gigantesque chaos, entassement hétérogène de prétendus perfectionnements.

Je le demande sérieusement, quel est celui, — et je m'adresse aux esprits les plus éclairés, — qui peut se dire : Je suis assuré de ne pas encourir une amende, de ne pas être exposé à commettre une contravention ?

Il faut, en effet, un bonheur particulier pour ne pas, dans le tourbillon de la vie moderne, piétiner ne fut-ce qu'un instant une des innombrables plates-bandes légales établies sur la route, ou ne pas se prendre dans les nœuds inextricables de l'immense filet que compliquent depuis un siècle, avec une déplorable persistance, nos législateurs, préoccupés surtout de trouver quelques nouvelles pénalités *contre* ce bon public *toujours censé connaître* la loi.

Il est donc urgent de simplifier, au plustôt ce mécanisme suranné, d'unifier tous les services si séparés qui le composent; de se mettre enfin au niveau des besoins de notre époque en établissant *un impôt unique*.

Chaque progrès signalé est un jalon planté sur la route à parcourir.

Aussi ai-je cru opportun de développer dans cette brochure un *projet d'assurances par l'État* et un *projet de crédit agricole* qui, intimement liés en même temps qu'ils se complètent l'un l'autre, me paraissent tout à fait démocratiques et conformes aux idées républicaines.

Je n'ai pas la prétention de présenter une étude complète de ces projets, je veux simplement lancer en avant deux idées que je crois destinées à faire leur chemin et à recevoir une réalisation prochaine, car elles réunissent le double mérite de la vérité et de l'opportunité.

A. Doussaud
Avocat.

L'ÉTAT ASSUREUR

———

I

Il est peu d'économistes et de financiers qui ne soient bien convaincus, aujourd'hui, que tout notre système d'impôt est à changer.

Les bases en sont fausses, le fonctionnement difficile, compliqué et coûteux.

Une réforme prochaine est fatale.

Plus les impôts sont variés et nombreux plus le recouvrement en est pénible et onéreux.

L'impôt *unique et proportionnel* s'impose de lui-même ; c'est une vérité qu'on n'a pas encore consacrée par l'application, en France, mais que tout le monde reconnaît.

C'est du reste le seul logique et équitable.

Notre système actuel d'impôts pêche absolument par la base : sa *quotité,* sa *nature,* son *assiette* sont illogiques et iniques.

Le superflu seul est imposable, c'est là un axiôme.

On ne peut en effet imposer le *nécessaire,* ni la *misère.*

Car le superflu étant ce qui dépasse le nécessaire,

Le nécessaire étant lui-même ce *qui est indispensable,*

et la *misère le manque du nécessaire,*

Toucher au nécessaire, c'est amener la misère, à laquelle on ne peut évidemment rien demander.

Et cependant la quotité de notre impôt est déterminée uniquement par ce qu'on appelle les *besoins* alors qu'elle devrait être fixée d'après les *ressources* des imposés !

De telle sorte qu'on commence, au mépris du bon sens, par fixer le *chapitre des dépenses* et que ce n'est qu'ensuite qu'on s'occupe, pour l'équilibrer, d'établir le *chapitre des recettes*.

De là des impôts de toute nature, mal assis, frappant un peu partout, sans rime, ni raison.

N'est-il pas honteux à notre époque de science et de progrès de voir comme il y a cinquante ans :

L'impôt foncier, par suite de l'anachronisme de notre cadastre, frapper plus lourdement les vieux champs de l'humble cultivateur, que l'ancienne bruyère inculte, devenue aujourd'hui riche pâturage du propriétaire enrichi ;

L'impôt sur les portes et fenêtres venir doser avec parcimonie, contrairement à toutes les lois de l'hygiène, l'air et la lumière si nécessaires à la vie, en proportion des ressources du contribuable ;

Le *droit de chasse* porter atteinte aux droits de propriété ;

Le *droit de port-d'armes*, diminuer la sûreté des personnes en les livrant sans défenses aux attaques des malfaiteurs ;

Les *droits de circulations*, les *octrois*, grever les objets de consommation en pesant surtout sur les classes besogneuses ou ouvrières avec une inégalité odieuse ; de telle sorte qu'une pièce de vin de 50 ou 70 fr., chose de première nécessité pour le travailleur, *paie les mêmes droits* que le vin des grands crus à 800 ou 1,000 fr. la barrique, consommé par le millionnaire !

Sans doute les octrois produisent une recette brute, d'après la publication de 1873, pour 1,516 villes de...Fr. 211,000,000

Mais ils donnent lieu à des frais de régie atteignant...Fr. 18,000,000

Et représentant à Paris pour chaque individu
annuellement......................Fr. 60

Qui, avec les droits perçus par l'Etat, sur
la consommation et la circulation des bois-
sons, qui sont de....................Fr. 36

Forment un total de.................Fr. 96

C'est-à-dire pour une famille de cinq personnes la somme
de 480 fr. par an !

Et encore ce n'est là qu'une moyenne prise avant 1873,
certainement plus élevée aujourd'hui.

Dix genres d'*impôts*, en effet, nécessitent dix administrations séparées, avec des personnels nombreux entraînant des
frais énormes.

Sous ce rapport, nos finances ont un luxe de complications
véritablement merveilleux.

Rien que pour les timbres, par exemple :

Les lettres ont des timbres d'une forme particulière déli-
vrés par l'administration des postes ;

Les effets de commerce ont des timbres variés à l'infini,
suivant qu'il s'agit de traites, de billets à ordre, de chè-
ques, etc., etc. vendus par l'administration du timbre ;

Les télégrammes ont des timbres spéciaux ;

Les quittances ont un timbre spécial ;

Les actes publics ou privés ont toute une gamme de
timbres de dimensions, pour les originaux, pour les co-
pies, etc.

Et il faut se soumettre à toutes ces minutieuses questions de formes, qui emportent hélas! toujours le fonds
du malheureux public et demandent une longue pratique,
car la sanction en est effrayante.

Un oubli, une distraction, sont punis d'amendes exhor-
bitantes.

Si vous privez l'Etat de 10 centimes, en oubliant, je sup-
pose, d'ajouter un timbre au bas d'une quittance de 11 fr.,
il vous fera payer sans pitié :

Pour l'amende fixe que vous aurez encourue, bien souvent,

sans en avoir conscience...........................	50	»
Pour le décime en sus.........................	5	»
Idem pour le double décime encore en sus.......	5	»
ibidem pour le 1/2 décime toujours en sus.....	2	50
Soit au total....................	62	50

Vous lisez bien, *soixante-deux francs cinquante centimes* pour *10 centimes*.

Et vous avez encore à mettre un *nouveau timbre* de 10 centimes sur la quittance que vous donnera le fisc au moment où vous paierez cette amende véritablement amère, car c'est là la spécialité de cette administration, de vendre son papier *très-cher, toujours* et *quand même*.

Il serait cependant si facile à l'Etat de vendre des *timbres-omnibus* de valeurs graduées, pouvant servir indifféremment: à l'affranchissement des lettres, au timbrage des effets de commerce, des actes, des télégrammes, etc., et de charger alors une seule administration de les fabriquer avec économie.

C'est par suite de ces complications et de cette diversité de droits et d'administrations, que la *perception*, ou l'*exploitation* des impôts, *absorbe plus du sixième de l'impôt*.

Et ces frais augmentent chaque année.

En 1827, ils étaient exactement du sixième, aujourd'hui ils sont bien supérieurs.

Sans doute, nous sommes loin de l'époque où le budget des Valois, s'élevant à 30 millions, coûtait *cent vingt millions* de frais de recouvrement; mais il est bon de rappeler que les 558 millions d'Henri IV n'exigeaient, grâce à l'intelligente administration de Sully, que 50 millions de frais; *un peu moins que le dixième!* Il faut évidemment en conclure que nous avons beaucoup à perfectionner sur ce point.

Avec un seul impôt, au contraire, mieux assis, plus facilement et plus rapidement recouvrable, perçu par une seule administration, on peut arriver à une diminution de frais incroyable.

Les avantages de ce système économique sont démontrés

jusqu'à l'évidence par l'application qu'en font les Compagnies de chemins de fer. En effet, à l'opposé de l'Etat, en unifiant et simplifiant chaque jour leur exploitation, elles arrivent à une facilité de fonctionnement véritablement humiliante pour nos services publics.

Il y a donc à changer tout notre système d'impôt et le moment est venu de remplacer notre mécanisme détraqué et vieilli, par un régime conforme à notre époque et aux progrès réalisés.

Au nombre des améliorations à introduire dans le nouveau système à établir, il nous paraît opportun et avantageux d'y faire entrer *l'assurance par l'Etat, de tous les contribuables.*

Ce n'est là que l'application du grand principe démocratique, de la *solidarité sociale,* universellement reconnue, mais qui, n'ayant été qu'un *mot* jusqu'à ce jour, doit devenir demain une *vérité pratiquée.*

Il y aura pour l'Etat un *avantage* énorme et pour tous les habitants de notre pays une *sécurité* absolue.

Quant aux inconvénients, nous n'en voyons qu'un, c'est de faire passer dans les caisses du gouvernement, *au profit de tous,* les bénéfices considérables perçus par les Compagnies d'assurances.

Mais ce cas, nous l'avouons, nous laisse aussi froids que celui des maîtres de postes à l'apparition des chemins de fer ou des compagnies de gaz, quand l'électricité aura obtenu définitivement son droit de cité.

II

L'*assurance,* en principe, est une espèce de contrat libre par lequel un individu, ou une Société appelé *assureur,* assume la responsabilité ou les chances de pertes d'une opération entreprise par un autre individu appelé *assuré.*

Mais on appelle aussi *assurances,* des associations formées dans le but de mettre à l'abri des mauvaises chances les intérêts ou la fortune des particuliers en les *indemnisant de sinistres prévus.*

Ces associations varient suivant leur objet et peuvent s'appliquer à tous les événements humains.

Les unes protègent contre les risques de mer et se nomment *assurances maritimes,*

Les autres, contre les incendies, de là leur nom de compagnies d'*assurances contre l'incendie,*

D'autres, contre les accidents météorologiques et s'appellent *assurances contre la grêle, la gelée, etc,*

D'autres, enfin, se fondent sur les probabilités de la vie humaine, d'où leurs dénominations d'*assurances sur la vie humaine.*

Les Compagnies d'assurances sont de deux sortes : ou à *primes* ou *mutuelles.*

Les Compagnies *à primes* sont fondées sur la théorie des *probabilités* d'après laquelle elles prennent à leurs risques, moyennant une *prime* payée annuellement, la réparation des pertes qui peuvent atteindre les assurés.

Leur but est d'obtenir des *bénéfices.*

Elles ont des dépenses considérables et sont obligées de porter la prime à un chiffre élevé, de beaucoup supérieur aux parts contributives des assurances mutuelles.

Les Compagnies *mutuelles,* ont pour base la *responsabilité limitée* de chacun des associés ; leur objet consiste à faire supporter par *toute l'association,* le dommage éprouvé par l'*un* de ses membres. De telle sorte que chacun des intéressés est en même temps *assureur* et *assuré.*

Leur but est surtout la *sécurité* et l'*économie* pour tous les associés.

Nous ne nous occuperons que de ces dernières, qui seules peuvent être appliquées dans notre projet et donner les avantages que nous cherchons pour l'Etat et les particuliers.

Bien entendu elles ne peuvent avoir d'autre but que d'assurer contre l'incendie, les épizooties ou les fléaux météorologiques, gelées, inondations, laissant de côté tout ce qui touche la spéculation ou l'industrie, comme, par exemple, les assurances *sur la vie*, ou celles contre les *risques de mer*.

Toutes les Compagnies d'assurances mutuelles sont basées sur cette vérité mathématique que : *plus le nombre des responsables est considérable, plus la réparation du dommage est légère.*

En d'autres termes : une perte écrasante pour un seul devient peu sensible et même insignifiante si elle est répartie sur un grand nombre d'individus.

Ce principe n'est pas autre chose que celui de la *solidarité.*

Quel est, en effet, le régime des Compagnies d'assurances mutuelles ?

Celui-ci : que *toute perte* éprouvée par *un* des associés est *répartie* sur la *totalité* de la masse sociale et que tout bénéfice acquis par la société doit être *divisé* entre chacun des associés.

Toutes réalisent des bénéfices, d'autant plus grands qu'elles ont plus d'adhérents.

Mais combien doit être plus intime et plus puissant que celui des associés entre eux, le lien qui rattache les uns aux autres les citoyens d'un pays !

La solidarité est évidemment le fondement du contrat social.

C'est elle qui crée les droits et les devoirs.

Je dois à l'État : les impôts, le service militaire, l'obéissance, etc., parce que l'État me doit protection et assistance.

Une nation, en effet, n'est que la collectivité d'intérêts s'entr'aidant les uns les autres : toute catastrophe, qui n'atteint en apparence que quelques individus, touche au fond tout l'être social.

Si ma récolte est perdue, sans doute je perds tout ; mais chaque citoyen est privé d'une fraction de ce tout qui aurait, dans une part plus ou moins large, augmenté le bien-être général. Ce qui est perdu par l'individu est donc perdu pour la nation.

La perte est moins sensible, mais elle n'en existe pas moins.

De là le principe divin et humain, qu'*on doit s'aider et se secourir les uns les autres.*

Du principe de la solidarité de tous les membres de la nation les uns vis-à-vis des autres, et des avantages du fractionnement de la responsabilité, découle une conséquence fatale.

Toute perte individuelle éprouvée par cas fortuit, incendie, grêle, inondation, etc., doit être réparée par l'être social, dans la proportion où elle est ressentie par lui.

En d'autres termes, la nation est une vaste association, que toute perte atteint dans une proportion plus ou moins sensible et à la réparation de laquelle elle est tenue.

Or, cela répond admirablement à notre système, que la nation doit être *une assurance mutuelle généralisée,* c'est-à-dire existant entre tous les citoyens.

Les avantages en sont évidents, comme nous le démontrerons plus loin.

III

Actuellement, lorsqu'un sinistre éclate, de deux choses l'une :

Ou la victime est assurée et alors une Compagnie lui paye tant bien que mal, avec plus ou moins de facilité, suivant que la somme est plus ou moins importante, une indemnité proportionnée au dommage ;

Ou bien la malheureuse victime de l'incendie, de la grêle ou des inondations reçoit de la charité publique des dons destinés à réparer le désastre.

Dans le premier cas, le recouvrement est lent, soumis à des conditions expresses, et souvent suspendu à des formalités, dont les illettrés ne tiennent pas toujours compte.

Dans le second, il faut demander, s'humilier, et recevoir non pas une indemnité, mais un secours, disons le mot, une aumône.

Entre ces deux modes n'y en a-t-il pas un troisième préférable.

Nous croyons que si.

A la place de la Compagnie d'assurances plus ou moins solvable, réalisant des bénéfices sur les assurances, qu'elle soumet à des formalités très-dures et souvent dangereuses pour la masse illettrée des cultivateurs, ou des travailleurs; à la place de la charité publique, inépuisable en France, mais souvent lente et embarrassée, et toujours humiliante pour les secourus, nous voudrions une institution plus digne d'un peuple essentiellement démocratique comme le nôtre: l'ASSURANCE PAR L'ETAT.

Car si l'Etat, — c'est-à-dire tous les Français, — a à supporter une perte de quelques centaines de mille francs ou même de millions, cette perte, ruineuse pour un, cent, mille, sera très-légère pour 36 millions d'individus.

Par suite, les règlements d'indemnités seront plus faciles, plus assurés, on n'aura pas à redouter dans les grands cataclysmes, comme l'incendie de la ville de Limoges, par exemple, l'insolvabilité ou l'impuissance des Compagnies d'assurances.

Quelle que soit l'étendue des désastres, la réparation en sera certaine, presque immédiate.

Ces propositions n'ont pas besoin de démonstration.

IV

D'un autre côté, les avantages de ce système d'assurances, pour l'Etat, sont évidents.

On a évalué les bénéfices qu'il pourrait réaliser à cent millions par an.

Nous n'affirmons pas ce chiffre ; mais nous avons la conviction qu'il serait énorme.

Les résultats obtenus par les Compagnies d'assurances sont assez concluants.

Il n'est pas contestable que les Compagnies d'assurances mutuelles, quoique s'adressant à un nombre plus ou moins grand, mais forcément limité, d'intéressés, non-seulement garantissent leurs associés contre tous les risques de pertes, mais encore les font participer directement à des bénéfices souvent considérables.

Combien plus facilement et plus sûrement l'Etat, ayant pour associé toute la population, formée de millions d'individus, pourra-t-il facilement indemniser les sinistrés, et réaliser des bénéfices énormes dont profitera en dernière analyse le pays, c'est-à-dire le corps social tout entier !

Car, il ne faut pas l'oublier, en ces matières, les bénéfices se multiplient et les pertes se divisent, en raison directe du nombre des co-participants.

Ce n'est pas une expérience à tenter. Elle est faite.

Encore une fois, la valeur acquise par les parts et actions des Compagnies d'assurances fonctionnant depuis 50 ans, l'importance des dividendes qu'elles distribuent donnent la certitude que l'opération, excellente pour quelques associés, produira des résultats inouïs, lorsqu'elle sera appliquée à tous les habitants de la France.

V.

Ces vérités admises, et la pratique leur donne une consécration quotidienne, il ne reste qu'à indiquer comment, d'une part, l'Etat pourra prendre la responsabilité des indemnités à payer en cas de sinistre, et quelles compensations, d'autre part, il trouvera dans les prix d'assurances que devront lui payer les contribuables.

Il est facile d'établir, sur ce point, que, sans frais nouveaux, même avec notre système actuel d'impôts et son mode de recouvrement, l'Etat peut, sans bourse délier, non-seulement devenir l'assureur général du pays, mais encore trouver dans cette combinaison des sources nouvelles de revenus annuels qui croîtront avec la fortune publique.

L'Etat devenant l'assureur général de toute la nation, se trouvera en présence :

1° De l'*obligation* de réparer tous les sinistres qu'éprouvera par cas fortuit, tels que grêle, incendie, inondation, etc., chaque individu.

2° Du *droit* de demander à chaque citoyen, ainsi garanti, une somme annuelle, destinée à former une *masse commune*, pour faire face aux pertes que causeront les sinistres.

En d'autres termes, *l'Etat sera la Compagnie d'assurances du pays et chaque citoyen fera partie d'une vaste association mutuelle, embrassant toute la nation.*

Le principe posé, deux questions se présentent pour le mettre en pratique :

1° Quelle somme devra payer chaque individu ?

2° Comment cette somme sera-t-elle recouvrée ?

La réponse est facile.

Il est évident d'abord, que celui qui possédera 100 fr. ne devra pas payer comme celui qui en possède 1,000. La base de la somme à payer sera donc *la proportionnalité.*

Chacun paiera *proportionnellement* à la valeur de ce qu'il possède, et des risques que présente la nature de sa propriété.

Quant au chiffre, il pourra être déterminé par la moyenne des pertes éprouvées pendant les dix dernières années, augmenté, pour tout prévoir, d'une somme égale, ou double, ou triple.

La différence entre ce que l'Etat récupérera et aura à payer chaque année, constituera ses bénéfices.

Le mode de perception du prix d'assurance sera bien simple.

Lorsque le taux du tant 0/0 à payer aura été calculé sur la moyenne indiquée plus haut, il suffira de l'ajouter aux impôts que paie chaque année tout citoyen, et de charger les percepteurs de le percevoir avec les autres impôts.

Une loi très-simple obligeant chaque citoyen à s'assurer, ou plutôt, imposant chaque citoyen proportionnellement à son rôle d'impôts ou de patentes, pour une somme destinée à garantir ses risques consacrerait et appliquerait le principe de l'assurance par l'Etat.

Il suffirait qu'elle eut un article unique, qui pourrait être ainsi conçu :

ARTICLE UNIQUE.

« A partir du 1ᵉʳ janvier 188. il sera ajouté ... 0/0 aux rôles des impositions foncières, mobilières et des patentes, qui seront payés, par les contribuables, en même temps et de la même manière que celles-ci aux caisses des percepteurs chargés de les recouvrer.

« A partir de la même époque, l'*Etat devient l'assureur de tous les contribuables* et paiera, par les soins du trésor, aux sinistrés, les indemnités représentant les pertes qu'ils auront éprouvés par suite d'incendie, d'épizootie, d'inondation, de grêle ou de gelée, sur l'état qui en sera dressé par le maire et deux conseillers de la commune, certifié véritable par le receveur de l'enregistrement du canton et vérifié par l'agent-voyer du canton ou de la circonscription. »

Nous ne croyons pas que la pratique rencontre des difficultés sérieuses et que la moindre complication soit à craindre.

VI

On a fait contre le projet que nous proposons et qui déjà avait été timidement exposé, mais en germe seulement, vers 1825, les objections suivantes :

« Cette combinaison anéantirait les Compagnies d'assurances existantes aujourd'hui, *ce qui serait une odieuse injustice.*

« De plus, a-t-on dit, ce projet, véritable *utopie*, ne saurait soutenir le plus léger examen ; il est, d'une part, *attentatoire aux droits de la propriété*, contraire au libre arbitre, inconvénient fort grave, alors QU'IL NE S'AGIT POINT DES INTÉRÊTS GÉNÉRAUX ; et d'un autre côté, *son exécution donnerait naissance à tant de difficultés, à de si longs débats, qu'on doit la regarder comme impossible.* »

Autant de mots, autant d'erreurs.

Tous ces arguments usés jusqu'à la corde, ont déjà été mis en avant lorsqu'il s'est agi des chemins de fer, de l'éclairage par le gaz, du télégraphe électrique, de l'instruction obligatoire, etc., etc.

Tout surannés qu'ils sont, faisons leur une dernière fois l'honneur de les examiner et de leur répondre.

Il n'y a pas un progrès accompli qui n'ait bien soulevé cette éternelle et routinière observation que la nouvelle inovation lésait des intérêts privés.

Lorsqu'on a établi les chemins de fer, les éleveurs de chevaux, les maîtres de postes, les Compagnies de messageries, les entrepreneurs de roulage, les propriétaires de coucous vénérables, ont protesté comme un seul homme.

A l'apparition du gaz, tous les lampistes, marchands d'huile et fabricants de mèches, ont crié par dessus les toits que c'était de la folie, qu'on allait faire sauter les maisons, incendier les édifices, ruiner une industrie établie.

C'est là l'éternelle lutte de l'obscurité contre la lumière, de la routine contre le progrès, des intérêts de quelques retardataires contre les découvertes de l'esprit humain !

Mais ce n'est qu'un sophisme qui, quoique vieux comme le monde, n'a jamais rien empêché.

Les télégraphes n'en ont pas moins supprimé les distances ; les chemins de fer, détruit les frontières et porté partout la civilisation et la richesse, et le gaz éclaire nos édifices comme l'électricité va bientôt les illuminer.

Est-ce que, en effet, l'intérêt particulier ne doit pas toujours s'incliner devant l'intérêt général?

Est-ce que l'Etat a jamais promis ou donné à une Compagnie d'assurance le droit à perpétuité d'assurer la génération présente et les générations futures, et aliéné en leur faveur son droit absolu de proposer des lois nouvelles et de les faire exécuter quand elles sont votées?

Est-ce que les Compagnies seront embarrassées de leurs capitaux et de leurs bénéfices et ne pourront pas se lancer dans une nouvelle branche d'assurances ou d'industrie ?

On n'a jamais eu besoin de plus de chevaux en France que depuis les chemins de fer; depuis le gaz on consomme plus d'huile que jamais.

Il est bien évident que l'objection ne se tient pas debout.

Si l'intérêt général devait s'arrêter devant l'intérêt particulier aucun pas en avant ne serait possible, car aucun perfectionnement ne peut être réalisé sans que des intérêts privés ne soient blessés.

Nous serions alors condamnés à tourner dans le même cercle, cotoyant toujours la terre promise sans pouvoir jamais y entrer.

Et quant au reproche d'injustice il est vraiment plaisant.

Il serait, dit-on, *injuste*, d'écouter l'intérêt général sans se préoccuper des intérêts privés de quelques Compagnies qui n'ont d'autres droits que celui d'exister. Par conséquent il serait *juste*, au contraire, de sacrifier le progrès, l'avenir, les intérêts de toute une nation pour laisser des sociétés de spéculations continuer à s'enrichir, c'est-à-dire de sacrifier 36 millions d'habitants à quelques milliers d'intéressés !

Impossible de faire un raisonnement plus évidemment faux. Il est vraiment inutile d'insister.

D'un autre côté, le projet d'assurance mutuelle par toute la nation est si peu une utopie que, depuis le *commencement* du *siècle*, des Compagnies d'assurances mutuelles sont établies, donnent d'excellents résultats et vont chaque jour en se généralisant.

Dès 1826 une d'elle avait, comme participants, les propriétaires de plus de quatorze cents millions de bâtiments et donnait de si bons résultats qu'on constatât déjà à cette époque : « Que les parts contributives étaient si modiques « et les frais d'administration tellement minimes, *qu'il serait* « *juste de blâmer*, au lieu de plaindre, le propriétaire incen- « dié qui aurait négligé de faire assurer sa maison. »

Aujourd'hui les avantages sont immenses et la prétendue utopie est devenue une vérité d'autant plus féconde qu'elle s'applique à une plus grande masse d'individus.

Nous ne demandons pas, par conséquent, une expérience nouvelle, la mutualité ayant fait ses preuves depuis plus d'un demi-siècle, en demandant que l'Etat assure tous les citoyens ; mais simplement *la généralisation d'un principe éprouvé* et son application à tous les possesseurs.

Ce qui est vrai pour les Compagnies existantes est encore plus vrai pour lui, puisque — et c'est là l'admirable consé- quence de la mutualité, — les avantages augmentent avec le nombre des adhérents.

Nous ne voyons pas bien en quoi *l'assurance obligatoire* attente à la propriété et au libre arbitre.

Si le citoyen a des *droits* il a aussi des *devoirs* envers la société ; quand il les néglige celle-ci a pour règle de les lui rappeler.

Or, quoique le droit de propriété soit le droit absolu, d'user et d'abuser de la chose possédée, la société a le droit, dans l'intérêt commun et dans certains cas, de forcer le pro- priétaire à la conservation ou à l'aliénation de sa chose ; comme par exemple de consolider un édifice qui menace ruine, ou de céder son terrain pour cause d'utilité publique.

A plus forte raison peut-elle l'obliger à contribuer aux charges de l'Etat et à obéir à la loi, surtout lorsque l'impôt et la loi ont pour but l'intérêt direct et immédiat de l'imposé.

Car l'assurance n'est pas autre chose qu'un impôt ayant pour but d'indemniser les citoyens sinistrés et d'assurer l'universalité de la nation contre les fléaux ordinaires.

Il n'est donc pas douteux qu'une des charges, au moins morales de la société, est d'assister ses membres dans la dé tresse, et qu'un propriétaire ne peut se plaindre de ce que l'Etat, moyennant une somme bien moindre que celle qu'il paie aux compagnies d'assurances, le garantit contre l'incendie de sa maison, la destruction de sa récolte ou, en d'autres termes, *la ruine.*

Quant au *libre arbitre* nous ne voyons pas ce qu'il vient faire en cette affaire.

La société le reconnait et le proclame; mais cela ne lui empêche pas de demander le *service militaire, l'impôt forcé* et bientôt, nous l'espérons, *l'instruction obligatoire.*

L'*individu* ne peut se plaindre de ce que le *corps social* améliore sa situation matérielle et physique et c'est un singulier *libre arbitre* que celui qui consiste à *refuser le* BIEN *pour soi et surtout pour les siens.*

En tous cas, la question de l'intérêt général est toujours debout; et y-a-t-il un intérêt plus général que de sauvegarder les propriétés de toute une nation, de protéger ses richesses, de mettre toutes les fortunes à l'abri des événements humains?

Nous n'insistons pas.

Reste l'argument tiré des difficultés et des débats auxquels pourrait donner lieu l'exécution de la loi rendant l'assurance, par l'Etat, obligatoire pour tous.

Nous affirmons d'abord, que l'Etat présente plus de garanties que n'importe quelle compagnie, parcequ'il est la représentation de la fortune publique; nous ajoutons ensuite que l'Etat peut, avec une économie de plus de moitié pour les assurés, les garantir contre les sinistres.

Nous ne voyons donc pas comment ceci, étant admis, des difficultés et des débats autres que ceux inhérents à la perception des impôts ordinaires pourrait rendre impossible le fonctionnement de la loi que nous demandons.

L'Etat peut faire mieux que les compagnies.

Sur cent contribuables au moins, les deux tiers sont déjà assurés. Ceux-là ne se plaindront pas d'avoir de meilleures garanties avec une économie de dépenses.

L'autre tiers comprendra bientôt, dans les cas de sinistres, malheureusement trop fréquents, qu'il vaut mieux, moyennant une somme insignifiante, même pour les plus humbles, garantir et conserver son avoir, que de s'adresser à la charité publique.

Nous concluons donc qu'il suffit d'examiner les objections élevées contre notre projet pour se convaincre qu'elles n'ont pas même l'apparence d'une raison.

Ce qu'on pourrait dire, et nous en serions touché, si c'était exact, à cause de la question de principe, c'est que l'Etat étant la représentation de la collectivité des intérêts sociaux, ne peut faire de spéculation ni percevoir de bénéfices sur l'être social.

Mais il est facile de prouver qu'il n'en est pas ainsi.

L'Etat, en devenant assureur, ne fera pas de spéculation, il ne fera que donner une garantie précieuse et une économie importante aux imposés.

Le bénéfice qu'il fera n'en est pas un au fond, ce ne sera qu'un excédant de recettes.

En tout cas l'Etat étant un être *impersonnel n'en profitera pas.*

Ce sont les contribuables eux-mêmes qui en bénéficieront, puisque cet excédant servira à alléger les charges publiques et à équilibrer les dépenses générales.

CONCLUSION

En résumé : nous ne voyons aucun inconvénient sérieux au projet que nous présentons, mais nous y trouvons trois avantages incontestables :

La *sécurité* pour les contribuables,

L'*économie* pour les assurés,

Une source de *bénéfices* pour l'Etat.

Et nous pensons qu'aucun d'eux n'est à dédaigner.

FIN.

UN PROJET

DE CRÉDIT AGRICOLE

I

M. le Ministre de l'agriculture a nommé, au mois de novembre 1878, une commission, *pour reprendre à nouveau la question du Crédit agricole*, et rechercher les moyens d'étendre à l'agriculture le bénéfice des avances d'argent.

Jamais question ne fut plus agitée, plus longuement étudiée, aussi peu résolue.

Cependant, une solution prompte est urgente, sa nécessité s'impose.

Nos agriculteurs souffrent, et depuis longtemps attendent. La fameuse enquête de 1868 a démontré combien le mal est grand ; mais depuis 1868, il n'a pas été fait un pas en avant.

Notre agriculture, surtout dans les départements du centre, est à l'état primitif faute de bras, d'argent et principalement de crédit.

Car l'argent n'est pas seulement le nerf de la guerre, il est aussi le moyen indispensable de réussite en agriculture, surtout avec les besoins actuels d'un outillage plus perfectionné.

Il nous semble que, jusqu'à présent, la question a été mal posée.

A qui doit venir en aide tout crédit agricole ?

Évidemment, ni aux grands propriétaires ni aux grands agriculteurs trouvant toujours à emprunter : les premiers au Crédit Foncier ou aux prêteurs sur hypothèques, les seconds aux banquiers avec lesquels ils sont journellement en relations !

Il doit prêter au petit cultivateur, au petit fermier, au colon partiaire ou métayer, qui, en dehors de la famille ou des voisins habituellement très-gênés, souvent peu serviables, n'ont ni crédit, ni rapports d'affaires.

Tout Crédit agricole, pour être vrai et utile, doit donc viser surtout la masse de ces cultivateurs, petits propriétaires, fermiers ou métayers.

Cette masse, par suite de la division de la propriété, augmente chaque jour. C'est elle qui est besoigneuse ; c'est elle qui est intéressante. Or, ce dont elle a besoin, ce sont de *petites sommes, prêtées pour un temps très-long, avec un intérêt aussi minime que possible.*

La solution du problème, par suite, nous paraît renfermée dans les termes suivants :

« Prêter de faibles sommes, de 100 à 2,000 fr. au maxi-
« mum, avec peu ou pas d'intérêt, à des échéances très-
« longues, sur de simples reconnaissances non négociables
« et n'entraînant aucun frais. »

Hâtons-nous donc de le proclamer, les avances à faire aux petits cultivateurs gênés, dans les termes du programme indiqué par M. le ministre de l'agriculture, tiennent autant de la nature du secours que de la nature du prêt.

Il faut franchement le reconnaître, car c'est parce que l'aveu n'en a jamais été fait que le but n'a pas été atteint : *Il n'y a de Crédit agricole possible qu'avec des sacrifices et des pertes, courageusement acceptées et calculées d'avance, par le prêteur.*

Il faut se dire que les intérêts des sommes prêtées seront presque nuls, les garanties presque morales, et par suite les capitaux engagés, d'un recouvrement aléatoire, et souvent à tout jamais compromis

II

Il n'y a pas à s'inquiéter des Sociétés, plus ou moins agricoles, organisées jusqu'à ce jour, qui, n'ayant jamais fonctionné de manière à atteindre le but proposé, n'ont fait que lui tourner le dos dès leur origine.

Elles n'ont pas même constitué un essai.

Il n'y a qu'à lire leurs statuts pour s'assurer qu'elles n'étaient que de brillantes utopies, et ne pouvaient, dans aucun cas, réussir.

Qu'espérer d'une Société de Crédit agricole qui a pour objet : « *de procurer des capitaux* ou des crédits à l'agriculture *ou aux industries qui s'y rattachent*, en faisant ou en facilitant par sa garantie, l'escompte et la négociation *d'effets exigibles, au plus tard, à 90 jours;*

« D'ouvrir des crédits ou prêter à plus longue échéance, *mais sans dépasser trois années, sur nantissement ou autre garantie spéciale?* »

Les cultivateurs ne sont pas des commerçants, pouvant payer l'argent au taux de 6 0/0, s'élevant avec les renouvellements, frais de timbre, commission, à près de 10 0/0; parce que ceux-ci, gagnent 15, 20, 25 et quelquefois 30 0/0 sur les objets qu'ils vendent, et que les agriculteurs obtiennent à peine en moyenne 2 1/2, 3 0/0, au maximum 4 0/0 de la valeur des propriétés qu'ils possèdent, afferment ou exploitent.

Ils ne peuvent évidemment, sous peine de ruine certaine, emprunter à un intérêt supérieur au rendement de leur petite propriété.

Cela est si vrai, que la première Société de Crédit agricole, constituée en 1860, ne garantissait à son capital social que 4 0/0 et recevait de l'Etat une subvention qui pouvait atteindre 400,000 fr. (Loi du 28 juillet 1860, approuvant les conventions prises entre les ministres de l'agriculture et des finances et la Société du Crédit agricole.)

On reconnaissait donc, à ce moment, la nécessité impérieuse de ne demander au cultivateur gêné qu'un intérêt minime.

Pourquoi, abandonnant cette voie si logique et si conforme à la situation à sauvegarder, demander en échange des sommes prêtées, des effets à 90 jours, ou des garanties et des nantissements ?

L'effet à 90 jours, c'est le prêt commercial, avec son échéance impitoyable, ses frais de renouvellement écrasants, la chance des protêts, les frais de justice, l'exécution, le gouffre ; et comme la grande masse est illettrée, qu'il faut un acte notarié pour régulariser la valeur à donner par l'emprunt, c'est au total, plus de 10 0/0.

Le prêt sur nantissement ou sur garantie est bien plus coûteux. L'acte est encore plus nécessaire que pour le billet, il en faut une copie, une signification ; s'il s'agit de 100 fr. ou d'une petite somme, ce n'est plus 10 0/0, mais bien de 15 à 20 0/0 de frais et d'intérêt qu'il faut compter, c'est-à-dire le cinquième de la somme empruntée.

Le prêt sur hypothèque est trop coûteux et même impossible, car la pluspart des petits cultivateurs, fermiers ou métayers, ne possèdent pas.

Tous les moyens proposés, de dépôt des denrées et outils aratoires, donnés en garantie, dans des magasins, ne supportent pas l'examen. Les frais de garde, de transport, de magasinage seuls, dépasseraient 10 0/0.

Comment le malheureux qui attend sa récolte, dans un an peut-être, car il y a la grêle, les pluies, tous les accidents météorologiques à redouter, pourra-t-il s'en tirer !

Evidemment il ne le pourra pas. Le prétendu secours n'est donc qu'une cause de désastres ; le prêt un acheminement vers une ruine certaine.

Un Crédit agricole ne peut donc pas avoir pour but de faire des prêts semblables aux *prêts commerciaux* ou aux *prêts civils,* en usage.

Ces modes sont absolument impraticables pour l'agriculture.

Cela est démontré et reconnu pour tous ceux qui se sont occupés de la question.

« Un propriétaire, dit M. Paul Bonnaud, dans *la France*
« de mercredi, 11 décembre 1878, qui ne retire de sa terre
« que 2 1[2 ou 3 0[0, ne peut, en effet, payer 5 ou 6 0[0 d'in-
« térêt, s'il n'a d'autre revenu que la Rente foncière. De
« deux choses l'une : ou il aliène une partie de son domaine
« pour amortir les intérêts de l'emprunt qu'il a contracté,
« ou, s'il est moins honnête, il laisse s'accumuler les arré-
« rages. Des deux manières il s'appauvrit et court bientôt
« à sa ruine, au lieu de se relever et de regagner la pros-
« périté perdue. »

Le but a donc jusqu'ici été manqué, ou plutôt, il n'a même pas été visé.

C'est qu'encore une fois, il ne s'agit pas, pour constituer un véritable Crédit agricole, d'ouvrir aux agriculteurs un crédit comme tout autre.

Il faut un crédit tout à fait spécial, exactement approprié à la situation exceptionnelle qu'il doit sauver, s'ouvrant facilement, pour un temps suffisamment long, enfin peu coûteux.

Toute la difficulté gît dans la réduction des frais et l'abaissement du taux de l'intérêt, qu'il faut pousser jusqu'à la limite extrême du possible.

Tant que ces conditions ne seront pas remplies, il n'y aura pas de Crédit agricole en France.

En résumé, aucun des projets mis en avant, jusqu'à présent, ne résisterait à l'expérience.

Il y aura toujours deux points inévitables.

L'agriculteur ne peut payer un intérêt supérieur à ce qu'il retire du fonds exploité, c'est-à-dire plus de 2 1[2 à 3 0[0 et le capitaliste veut placer son argent à 5 0[0.

Impossible de concilier ces deux exigences, et de rapprocher ces points extrêmes.

Par suite, on aura beau constituer des Sociétés avec un capital énorme ; dans un temps plus ou moins long : ou elles fermeront leur caisse aux agriculteurs, ou elles ne laisseront à leurs actionnaires, si elles en trouvent, que le souvenir des fonds qu'ils auront versés et des intérêts qu'ils n'auront pas touchés.

L'Etat seul, peut prendre la responsabilité des chances certaines de perte, qui sont de l'essence même de tout Crédit agricole.

C'est un sacrifice de plusieurs millions à faire.

Nous croyons qu'un pays qui consacre 40 millions à l'Opéra, plusieurs millions de subvention aux théâtres littéraires, à la musique, aux beaux-arts, peut bien, chaque année, prendre, sur son budget, les sommes nécessaires pour venir en aide à l'agriculture, « *au labourage et au* « *paturage, ces deux mamelles de la France* », comme disait Sully.

L'intervention de l'Etat est donc forcée, sinon il faut abandonner la question.

Nous allons voir, du reste, qu'il est possible de trouver une combinaison qui, en laissant à l'Etat tout l'honneur du secours, l'indemnisera largement de ses sacrifices apparents.

III.

Voici maintenant le projet que nous soumettons humblement à toutes les critiques.

Certes, il n'est pas parfait.

Mais, jusqu'à preuve contraire, nous conservons l'illusion de croire qu'il se rapproche un peu plus du but que ceux qui l'ont précédé.

Nous voudrions que l'Etat — et non une société financière, ayant son siége à Paris et voyant les choses de trop loin et en même temps de trop près pour les intérêts de ses actionnaires — fit voter chaque année, une somme suffisante (qui s'élèverait certainement à plusieurs millions) pour venir en aide aux petits cultivateurs, fermiers ou colons, gênés : par une mauvaise récolte, une épizootie ou des accidents quelconques.

C'est un nouveau chapitre à ajouter aux dépenses du budget.

Ceci admis en principe et réalisé, en pratique :

A — On ferait la répartition du crédit voté, par départements d'abord et par cantons ensuite.

B — Puis on instituerait dans chaque chef-lieu de canton, un comité composé : du maire, du percepteur, des plus fort imposés ; organisé à peu près comme la réunion des répartiteurs et qui serait chargé d'examiner les demandes d'emprunt.

C — L'emprunteur ferait directement sa demande au maire de sa commune. Celui-ci la transmettrait au comité avec une notice sur : la moralité, la situation, les besoins et les ressources du postulant.

D — Le comité, après examen, déciderait si elle doit être admise ou rejetée.

En cas d'admission, le percepteur, sur la copie de la délibération, qui mentionnerait l'époque du remboursement, l'intérêt à payer, — purement facultatif et variable suivant les cas, sans pouvoir dépasser 2 1/2 % — mandaterait et paierait la somme dont le prêt aurait été ainsi autorisé. Ce paiement aurait lieu *sans frais* et serait constaté sur un registre spécial, soit par un reçu de l'emprunteur, dans le cas où il saurait signer, soit par la déclaration écrite de deux témoins dans le cas où il serait illettré.

E — Les prêts ne pourraient être moindres de 100 fr. ni supérieurs à 2,000 fr.

F — Le percepteur serait également chargé du recouvrement à l'échéance.

En cas de non-payement, il en aviserait le comité, et celui-ci, suivant les circonstances : accorderait des délais, des renouvellements, ou autoriserait la poursuite, ou l'affichage des noms des débiteurs ayant des ressources, mais faisant preuve de mauvais vouloir, sur un tableau *ad hoc*, placé à la porte de la mairie de la commune et du chef-lieu de canton, où ils résident.

G — Dans les cas exceptionnels où des poursuites seraient autorisées, les demandes de remboursement devraient *toujours* être portées, devant le juge de paix du canton sur simple avertissement de comparaître délivré par le greffier.

H — *Aucun droit d'enregistrement ne pourrait être perçu* sur la condamnation, qui serait exécutoire sur une contrainte délivrée par le percepteur, revêtue du *visa* du juge de paix, sans levée ni signification du jugement.

Par voie de conséquence une législation spéciale, réglementant ce qui précède devrait être faite.

Elle compléterait ou précéderait le *fameux Code rural* depuis si longtemps dans les limbes, et dont la venue, comme celle du Messie annoncée par les prophètes au peuple d'Israël, nous paraît se faire attendre beaucoup trop longtemps.

Il n'est pas douteux que le fonctionnement de ce véritable *Crédit agricole*, ces prêts, disons le mot, *ces secours* aux cultivateurs se traduiraient chaque année par un déficit.

Certainement les sommes prêtées ne rentreraient qu'en partie.

Mais en admettant que l'Etat fût à découvert de trois, quatre, cinq millions ou plus, sur chaque budget, y a-t-il à hésiter ?

L'Etat ferait son devoir, il donnerait à la petite culture si intéressante, aux *petits*, aux *véritables producteurs*, un encouragement qu'il lui doit.

En Chine, l'empereur honore le travail de la terre, qui donne la vie à tout l'être social, en traçant chaque année, en présence de son peuple assemblé, un sillon avec une charrue d'or, dans un champ de son domaine.

Nos législateurs qui ont, avec raison, retranché de nos recettes budgétaires cinq millions et demi pour dégrever la chicorée, pourraient bien consacrer aux agriculteurs qui souffrent, faute de secours, une somme au moins égale, pouvant les sauver de la misère. Un bon *Crédit Agricole* vaudrait bien un bel Opéra et assurément coûterait moins cher.

Mais il y a mieux : tout sacrifice est inutile.

Il est facile d'équilibrer le budget et de combler les dépenses d'un *Crédit agricole* par des recettes au moins égales, sinon supérieures.

Sur ce point les moyens abondent.

Nous ne citerons que le nôtre.

Que l'Etat devienne l'assureur de tous les contribuables dans les conditions que nous avons exposées dans la première partie de cette étude, et nous lui affirmons que : tout en démocratisant l'assurance, en donnant la sécurité à tous les possesseurs, il réalisera des bénéfices énormes, dix fois supérieurs, aux sacrifices apparents que nous lui demandons.

FIN.

Paris. Typ. A. LANGELIER et LARGUIER, 17, rue de l'Echiquier.

DU MÊME AUTEUR

LES ENTREPRENEURS DES FORTS

CONSTRUITS DE 1874 A 1878

UNE LOI A REFAIRE

ou

Critique de la Loi de 1867 sur les Sociétés

DES EXPERTISES

EN MATIÈRE DE TRAVAUX PUBLICS

ESSAIS SUR LES TRAITÉS A FORFAIT

www.ingramcontent.com/pod-product-compliance
Lightning Source LLC
Chambersburg PA
CBHW051336060726
47596CB00004B/1639